W9-BTB-473

En el cielo
Los planetas

por Carol Ryback

Consultora de lectura: Susan Nations, M.Ed., autora/tutora de alfabetización/consultora

Please visit our web site at: **www.earlyliteracy.cc**
For a free color catalog describing Weekly Reader® Early Learning Library's
list of high-quality books, call 1-877-445-5824 (USA) or 1-800-387-3178 (Canada).
Weekly Reader® Early Learning Library's fax: (414) 336-0164.

Library of Congress Cataloging-in-Publication Data

Ryback, Carol.
    [Planets. Spanish]
    Los planetas / Carol Ryback.
       p. cm. – (En el cielo)
    Includes bibliographical references and index.
    ISBN 0-8368-6497-2 (lib. bdg.)
    ISBN 0-8368-6502-2 (softcover)
    1. Planets–Juvenile literature. I. Title.
    QB602.R9318   2006
    523.4–dc22   2005032369

This edition first published in 2006 by
Weekly Reader® Early Learning Library
A Member of the WRC Media Family of Companies
330 West Olive Street, Suite 100
Milwaukee, WI 53212 USA

Series editor: Dorothy L. Gibbs
Editor: Barbara Kiely Miller
Art direction, cover and layout design: Tammy West
Photo research: Diane Laska-Swanke
Translators: Tatiana Acosta and Guillermo Gutiérrez

Photo credits: Cover, title, pp. 5, 9, 10, 11, 13, 16 (upper and lower right), 20 NASA; p. 6
© North Wind Picture Archives; p. 7 (left) © Corel; pp. 7 (right), 21 NASA Goddard Space Flight
Center; p. 12 U.S. Geological Survey; p. 13 NASA/JPL/Cornell; p. 15 NASA/JPL; p. 16 (lower left)
JPL; pp. 17, 19 NSSDC and the Team Leader, Dr. Bradford A. Smith

Printed in the United States of America

1 2 3 4 5 6 7 8 9 10 09 08 07 06

Contenido

Cubierta y portada: Los planetas aparecen en el orden en que orbitan alrededor del Sol. La Tierra es el tercer planeta a partir del Sol.

CAPÍTULO 1

Desfile de planetas

No todo lo que brilla en el cielo nocturno
son estrellas. Algunos de esos puntos brillantes
son planetas. Un planeta no tiene luz propia.
La misma luz del Sol que nos ilumina llega
también a una serie de planetas que podemos
ver desde la Tierra.

En el espacio, la Tierra se encuentra en el **sistema solar**. El sistema solar está formado por el Sol y sus planetas. El Sol es el centro del sistema solar. Todos los planetas, incluyendo la Tierra, giran u **orbitan** alrededor del Sol. Cada planeta sigue una órbita diferente alrededor del Sol.

Los planetas tienen distintos tamaños, pero ninguno se aproxima al tamaño del Sol.

© North Wind Picture Archives

Los nombres de los planetas, empezando por el más cercano al Sol, son Mercurio, Venus, la Tierra, Marte, Júpiter, Saturno, Urano, Neptuno y Plutón. Para recordar los nombres de los planetas, piensa en esta oración: **M**i **V**ieja **T**ía, **M**uy **J**uiciosa, **S**irve **U**na **N**ueva **P**izza. La primera letra de cada palabra es la inicial del nombre de un planeta.

Muchos planetas reciben el nombre de dioses romanos. Este dibujo muestra una estatua del dios romano Júpiter.

Los planetas difieren en tamaño y color. No hay dos planetas iguales. Algunos son muy calientes. Otros son muy fríos. Algunos son sólidos. Otros son, casi por completo, gaseosos. Todos los planetas giran. Algunos giran rápidamente. Algunos giran lentamente. Cuatro planetas tienen anillos. Siete planetas tienen, al menos, una luna.

La Tierra (*izquierda*) y Marte (*derecha*) no están muy alejados entre sí en el espacio, pero estos dos planetas vistos de cerca son muy diferentes.

CAPÍTULO 2

Los planetas sólidos

Mercurio es el planeta más cercano al Sol. En este planeta no hay aire ni agua. Es un planeta diminuto, seco y sólido. En Mercurio no hay vida. El año de un planeta es el número de días que tarda en girar alrededor del Sol. Mercurio gira alrededor del Sol más deprisa que cualquier otro planeta. Un año de Mercurio sólo dura ochenta y ocho días terrestres.

Venus es el segundo planeta en distancia al Sol. En tamaño es similar a la Tierra, pero es muy distinto a nuestro planeta. Venus no tiene agua, y los seres humanos no podrían respirar su aire. Los volcanes de Venus despiden gases venenosos. Los gases forman nubes venenosas sobre el planeta. Las nubes retienen el calor del Sol, lo que hace que Venus sea demasiado caluroso para permitir la vida de animales o plantas.

Venus está cubierto de volcanes que lanzan gases venenosos y rocas fundidas y muy calientes. Venus es un medio ambiente inseguro para cualquier forma de vida.

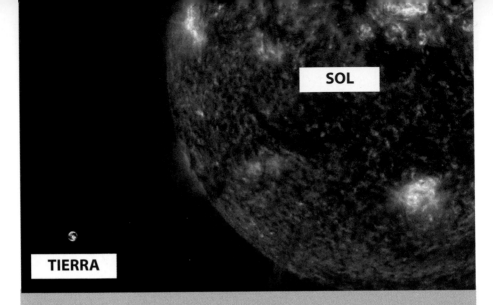

SOL

TIERRA

La Tierra es extremadamente pequeña en comparación con el Sol.

Nuestro planeta, la Tierra, es el tercer planeta sólido a partir del Sol. ¡Es el único planeta en el que hay aire, agua y vida! Aunque nos parece un planeta grande, la Tierra es pequeña si la comparamos con el Sol. Si el Sol fuera del tamaño de una pelota de baloncesto, la Tierra sería, aproximadamente, como la mitad de la goma de borrar de tu lápiz. ¡Imagina lo pequeña que sería tu casa!

La Tierra hace un giro completo una vez cada venticuatro horas. A ese periodo de tiempo lo llamamos día. La Tierra se encuentra a unos 93 millones de millas (150 millones de kilómetros) del Sol. La Tierra orbita alrededor del Sol una vez cada 365 días. A ese periodo de tiempo lo llamamos año. ¿Cuántas veces has orbitado el Sol en tu vida?

La Tierra tiene una luna. Ésta es la primera fotografía que mostró juntas la Tierra y la Luna.

El monte Olimpo de Marte es el volcán más grande de los planetas del sistema solar.

Marte es el cuarto planeta en distancia al Sol. Como está cubierto de rocas y polvo rojos, también se le conoce como "el planeta rojo". Marte tiene, aproximadamente, la mitad del tamaño de la Tierra. Sus montañas son más altas y sus cañones más profundos que los de cualquier otro planeta del sistema solar.

Ningún ser humano ha llegado a Marte, pero sí lo han hecho naves espaciales. En ellas iban vehículos robot llamados **rovers**. Algunos de estos "rovers" exploraron la superficie de Marte, tomaron fotografías y realizaron pruebas científicas.

El "rover" *Opportunity* tomó una fotografía de uno de los muchos cráteres del planeta rojo.

CAPÍTULO 3

Grandes bolas de gas

Los planetas más grandes del sistema solar se componen, principalmente, de gases. A estos planetas los llamamos gigantes gaseosos. Júpiter es el gigante gaseoso de mayor tamaño. Fuertes vientos desplazan los gases de Júpiter por su superficie. Una zona, conocida como La Gran Mancha Roja, es una gigantesca tormenta de gases en movimiento.

¡Júpiter es tan grande que pesa más que los otros ocho planetas juntos! Además, Júpiter es un planeta que gira muy deprisa. Gira más rápido que la Tierra. Un día de Júpiter sólo dura unas diez horas terrestres.

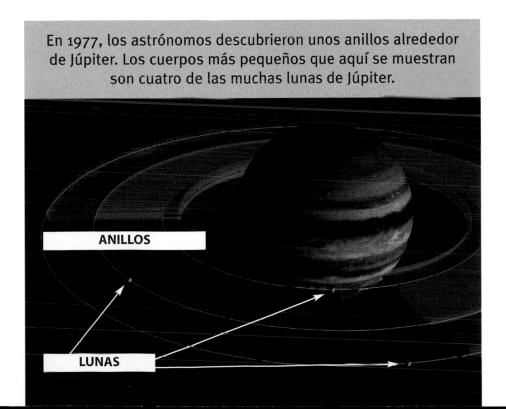

En 1977, los astrónomos descubrieron unos anillos alrededor de Júpiter. Los cuerpos más pequeños que aquí se muestran son cuatro de las muchas lunas de Júpiter.

ANILLOS

LUNAS

Saturno es conocido como "el planeta de los anillos". Sus anillos están formados por rocas, hielo y polvo. En tamaño, Saturno es el segundo de todos los planetas, y el segundo también entre los gigantes gaseosos. Los astrónomos piensan que Saturno tiene un pequeño núcleo sólido en su interior, pero la mayor parte del planeta está formada por gases.

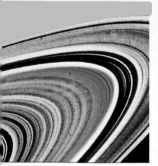
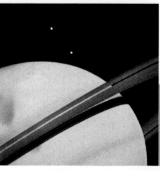

Los anillos de Saturno giran alrededor del sexto planeta formando una banda ancha y lisa.

Al igual que Júpiter, Saturno gira con gran rapidez. Un día de Saturno sólo dura unas once horas terrestres. Saturno orbita alrededor del Sol una vez cada 29 años y medio de la Tierra.

Muchas personas piensan que Saturno es el planeta de mayor belleza.

CAPÍTULO

Lejos en el espacio

El gigante gaseoso Urano parece una gran
bola de color azul verdoso. Urano tiene muchos
anillos oscuros, y al menos veinte lunas. Un día
de Urano dura unas diecisiete horas terrestres.
Un año de ese planeta dura ochenta y cuatro
años de la Tierra.

Aunque es el gigante gaseoso más pequeño, Neptuno es unas cuatro veces más grande que la Tierra. Neptuno gira alrededor del Sol una vez cada 165 años terrestres. Igual que en la Tierra, en Neptuno hay vientos. Los vientos de Neptuno son mucho más fuertes que los terrestres. Nadie sabe porqué, pero ¡mejor no sueltes el sombrero!

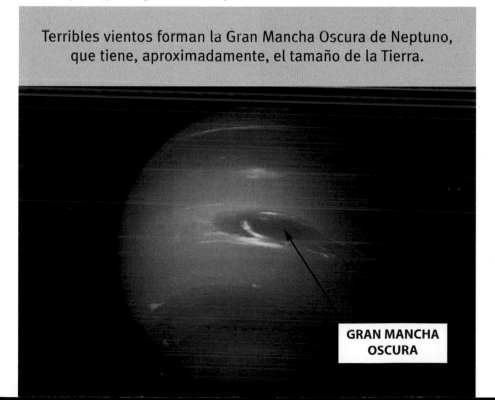

Terribles vientos forman la Gran Mancha Oscura de Neptuno, que tiene, aproximadamente, el tamaño de la Tierra.

GRAN MANCHA OSCURA

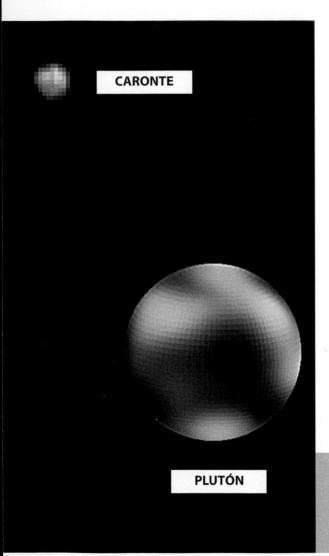

CARONTE

PLUTÓN

Hasta 1930, nadie había visto Plutón. Es el planeta más pequeño. Además, está muy lejos. Gases congelados cubren su núcleo sólido. Su órbita no es circular, y Plutón tarda casi 248 años terrestres en girar alrededor del Sol.

En esta fotografía se ve a Plutón y a su mayor luna, Caronte. Giran una alrededor de la otra mientras orbitan el Sol.

Nuestro Sol y su desfile de planetas se encuentran en el borde de una galaxia conocida como la Vía Láctea. En una oscura noche de verano, puedes ver la Vía Láctea. Este brillante y lechoso sendero de estrellas es gigantesco, pero es sólo una pequeña parte de un universo mucho mayor. Algún día, quizás tú contribuirás a la exploración de ese universo.

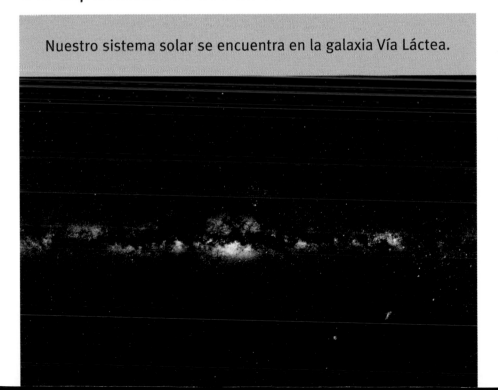

Nuestro sistema solar se encuentra en la galaxia Vía Láctea.

Glosario

astrónomos — científicos que estudian las estrellas, los planetas y otras partes del universo

cañones — valles profundos y estrechos con paredes altas y escarpadas

cráteres — agujeros circulares con forma de tazón

galaxia — gigantesco grupo de estrellas

luna — objeto que gira alrededor de otro más grande en el espacio

núcleo — material que se encuentra en el centro mismo de un objeto

planetas — cualquier cuerpo celeste que sigue una órbita fija alrededor de una estrella

solar — relativo al Sol

universo — todo lo que existe, incluyendo la Tierra, el Sol, las estrellas y todos los cuerpos celestes, líquidos y gases

volcanes — montañas que explotan y lanzan al exterior, a temperaturas muy elevadas, gases, rocas, ceniza y lava (rocas fundidas)

Más información

Libros

Extraordinary Solar System. Extraordinary Books (series). Stuart Atkinson (Scholastic)

The Planets. Space Explorer (series). Patricia Whitehouse (Heinemann Library)

The Solar System. Christine Corning Malloy (Chronicle Books)

Time For Kids: Planets! Editors of TIME for Kids (HarperCollins)

Páginas Web

Página Space Place de la NASA

spaceplace.nasa.gov/en/kids/live/#

Visita la página Space Place de la NASA donde podrás encontrar datos fascinantes, juegos y dibujos sobre el espacio.

StarChild: Un centro de aprendizaje para jóvenes astrónomos

starchild.gsfc.nasa.gov/docs/StarChild/ solar_system_level1/planets.html

Estudia los planetas y otros cuerpos celestes de nuestro sistema solar.

Índice

Información sobre la autora

Carol Ryback recuerda haber ahorrado dinero de su mesada para comprarse una carpeta con imágenes de los planetas. A Carol aún le parecen fascinantes el espacio exterior y otros temas científicos. Carol, que ha residido toda su vida en Wisconsin, vive con sus perros favoritos, los golden retrievers Bailey, Merlin y Harley Taylorson. Cuando no está observando las estrellas, a Carol le gusta practicar el buceo.